LA DOT,

COMÉDIE,

EN TROIS ACTES ET EN PROSE,

MELÉE D'ARIETTES,

Représentée, pour la premiere fois, par les Comédiens Italiens ordinaires du Roi, devant leurs Majestés, à Fontainebleau, le 8 Novembre 1785, & à Paris, le Lundi 21 du même mois.

Prix, 1 liv. 10 sols.

(Par Desfontaine de La Vallée, d'après Bau...

A PARIS,

Chez BRUNET, Libraire, rue de Marivaux, près la Comédie Italienne.

M. DCC. LXXXV.

PERSONNAGES.

LE MARQUIS.	M. Philippe.
LE MAGISTER.	M. Rosiere.
COLETTE.	Mme. Dugason.
COLIN.	M. Michu.
CATEAU.	Mme. Gonthier.
MATHURIN.	M. Trial.
JEUNES FILLES.	
JEUNES GARÇONS.	
Suite du Marquis.	

La Scene se passe dans un Village d'Allemagne.

LA DOT,
COMÉDIE.

ACTE PREMIER.

Le Théâtre repréſente un bocage terminé par un côteau : à la droite du ſpectateur, on voit la maiſon de Cateau ; à la gauche, un buiſſon au pied duquel il y a un lit de gazon.

SCENE PREMIERE.

MATHURIN, ſeul.

J'ons beau tourner & r'tourner, d'par-tout j'me r'trouve d'vant c'te maiſon..... Si j'pouvions fair' ſortir la mere Cateau, c'te vieille qui a voulu d'moi, & dont d'laquelle j'ai auſſi un peu voulu, à cauſe d'ſon argent, & c'eſt ben naturel..... Beauh ! vous

A

verrez qu'ell' rest'ra-là, & qu' ce s'ra comm' un miracle si j'pouvons jaser un instant avec sa niece Colette, dont j'raffole; c'te niece qui s'ra son héritiere, c'te niece qui me r'çoit ici, aux champs, au village; enfin par-tout où ell' me rencontre, c'qui fait qu'ils ont beau m'répéter que je n'plais pas, moi, j'réponds que j'plais, & j'm'y connais..... C'n'est pas qu'ell' m'ait dit l'fin mot, mais ça s'devine.

ARIETTE.

Quand l'tendron que l'on préfére,
Nous dit toujours.... eh mais oui-dà,
Monsieur, Monsieur, nous verrons ça;
C'est autant d'pris, la chose est claire,
Tout autant d'pris que c'tendron-là.
Par la jarnigoi! si ma belle
S'avisait de n'pas s'enflammer,
Je f'rais bien voir à c'te cruelle
Que c'est moi seul qu'il faut aimer :
Mais quand j'suis gai, quand j'suis fidele;
Queu' sottise de m'alarmer.
    Quand l'tendron, &c.

(*Colette sort de la maison de Cateau.*)

COMÉDIE.

SCENE II.
MATHURIN, COLETTE.

COLETTE.

Qu'est-ce c'qui cause donc si matin à not' porte ?

MATHURIN.

Si matin ! si matin ! comme si on dormait quand on vous aime ! comme si on n'se l'vait pas avant l'jour, pour à cell' fin d'vous voir pu long-tems.

COLETTE.

Comm' si on dormait pu' qu'vous.

MATHURIN.

Tout d'bon ! & d'puis quand ?

COLETTE.

De d'puis trois mois.

MATHURIN, à part.

C'est ça.

COLETTE.

C'qui fait que je n's'rais pas fâchée d'rencontrer c'Monseigneur qu'est si riche, à une lieue d'ici.

MATHURIN.

Vous l'connaissez ?

COLETTE.

Je n'l'ai jamais vu, ni lui, ni son château; il n'y a pas assez long-tems que j'suis chez ma tante pour connaître l's environs. Tout c'que j'sais, c'est que, d'tems en tems, c'Monseigneur-là fait prendre l'nom des jeunes filles, & qu'il a déja marié *Simon* avec *Nicole*, *Claudine* avec *Pierre*, *Susette* avec *Lubin*, *Thérèse* avec....

MATHURIN.

Et c'ct'i-là qu'vous l'y d'mand'riez, on l'nomme?...

COLETTE.

Tu veux l'savoir?....

MATHURIN.

Je n'viens qu' pour ça.

COLETTE.

Je n'l'ai dit à personne, pas même à la mere Cateau chez qui que j'demeure de d'puis que j'suis orpheline.

MATHURIN.

Eh! bon Dieu! bon Dieu! queu' déluge d'paroles, quand j'n'en voulons qu'une.

COLETTE.

Tu n'te fâcheras pas?

MATHURIN.

Ben du contraire, & puisque vous avouez qu'vous

COMÉDIE.

n'dormez pas pu qu'moi ; vous n'avez pas besoin d'chercher des détours gracieux & sinceres pour conv'nir que j'suis aimable.

COLETTE.

Comm' on n'l'est pas.

MATHURIN.

Après.

COLETTE.

AIR.

Dans le bosquet, l'autre matin,
Je cherchais la rose nouvelle,
Mais v'là qu'en passant son chemin,
I' m'fait présent de la plus belle :
Qu'il vienne encor dans le bosquet,
J'aurai le cœur & le bouquet.

MATHURIN.

Comm' vous dites ; je n'sais pourtant pas trop si j'passais, mais je m'souviens d'la rose, ell' était fraîche.... Allez.

COLETTE.

Même Air.

Dans le bosquet, le lendemain,
Il voulait dire, je vous aime ;
Mais v'là qu'il rougit, & soudain,
Voilà qu'moi je rougis de d'même :
Qu'il vienne encor dans le bosquet,
J'aurai le cœur & le bouquet.

MATHURIN.

D'mieux en mieux.... Mais, à vous entendre, on dirait que j'n'ai rien dit, & vous favez bien qu'fi.... Enfuite.

COLETTE.

Même Air.

Dans le bofquet, le furlend'main,
J'm'apperçois qui' n'peut plus fe taire,
Mais v'là qu'en voyant Mathurin....

MATHURIN.

Mathurin!

COLETTE.

I' m'dit qui' n'veut pas me diftraire ;

MATHURIN.

En m'voyant !

COLETTE.

Qu'il vienne encor dans le bofquet....

MATHURIN.

Qui ?

COLETTE.

J'aurai le cœur & le bouquet.

MATHURIN.

J'arni ! comment ? quoi ? qu'eft-c' ? m'prendriez-vous pour vot' confident ?

COLETTE.

Vous m'avez d'mandé la préférence, j'vous la denne.

COMÉDIE.

MATHURIN.

Et c'est pour ça que j'vous aurai courtisée si long-tems !

COLETTE.

Vous ai-j'dit que j'vous aimais ?

MATHURIN.

M'avez-vous dit qu'vous n'm'aimiez pas ?

COLETTE.

Oui.

MATHURIN.

Non.

COLETTE.

Eh bien ! j'vous l'dis.

MATHURIN.

J'suis sourd, & vous m'épous'rez.

COLETTE.

Moi !

MATHURIN.

Vous. Fallait m'renvoyer plutôt, je m'f'rais arrangé ; & vous avez beau r'garder de c'côté-là, pour à cell' fin, j'm'en doute, d'voir arriver c't'i la qui vous aime, tout ça n'y f'ra rien : vous m'avez laissé causer avec vous, ça suffit pour que j'sois en droit d'm'établir à vot' porte : j'vais y guetter l's amoureux, & l'y en eût-i' un cent, j'les r'cevrai si bien, qui' n's'avis'ront pas d'y r'venir.

A 4

LA DOT;

COLETTE, *lui faisant la révérence.*

Bonne chance, Monsieur Mathurin.

(*Colin descend le côteau, en courant; Colette l'apperçoit & s'arête; Colin voit Mathurin, & s'arête aussi, avec l'air fâché.*)

MATHURIN.

Et d'un.

COLETTE, *à part.*

Le v'là.

SCENE III.

LES PRÉCÉDENS, COLIN.

MATHURIN, *à Colin.*

Quoiqu' vous v'nez faire ici?

COLIN.

C'qui m'plaît.

MATHURIN.

C'qui m'déplaît.

COLETTE, *à part.*

Comm' il a l'air fâché!

MATHURIN.

Oui, c'qui m'déplaît; & vous m'direz c'que vous voulez, c'que vous cherchez, c'que vous pensez.

COMÉDIE.

COLIN.

C'que j'veux, c'est qu'vous n'm'approchiez pas d'si près.

MATHURIN, *se reculant*.

C'est aisé, ça.

COLIN.

C'que j'cherche, c'n'est pas vous.

COLETTE, *à part*.

Je l'fais bien.

COLIN, *à Colette*.

C'que j'pense, c'est qu'Monsieur n'vous quitte pas plus qu'vot' ombre.

MATHURIN.

Ça doit être.

COLETTE.

Comment ?

COLIN.

Je l'y ai trouvé toutes les fois qu'j'ai voulu vous voir.

MATHURIN.

Et tu m'y trouv'ras toujours.

COLETTE.

Nous laiss'rez-vous parler ?

MATHURIN.

C'est inutile.

COLIN, *à Colette.*

Sans doute, & j'vois qu'j'aurais tort d'vous parach'ver c'que j'avais commencé à vous dire l'aut' jour dans l'bosquet.

MATHURIN.

Ah ! c'est vous qui rougissez d'amour !

COLETTE.

D'colere.

COLIN.

Oui, Mamzelle, c'est la premier fois d'ma vie, mais ça n'durera pas plus d'tems qui' n'en faut à une fille, pour changer d'sentiment.

COLETTE.

Pour changer d'sentiment !.... Oui, Monsieur, c'est mon humeur, & c'que j'ai aimé l'matin, l'soir je n'm'en soucie plus.

MATHURIN.

Ny'a que d'moi.

COLETTE.

D'vous ?

MATHURIN.

Osez dir' que non.

COLIN, *à Colette.*

Ça n'doit pas être, & j'f'rais fâché d'vous mettre dans l'embaras vis-à-vis d'Monsieur qui sûr'ment n'est pas bien aise d'savoir qu'vous avez eu l'air d'm'écouter.

COMÉDIE.

MATHURIN.

Ell' s'en r'pent, & j'lui pardonne.

COLETTE.

J'm'en r'pens!

COLIN.

Moi d'même.... D'ailleurs, j'suis l'jardinier fleuriste d'Monseigneur, & je m'f'rais bien gardé d'faire c'qui' m'a défendu.

COLETTE.

Quoiqu'c'est?

COLIN.

D'épouser une fille qui' n'connaîtra pas.

COLETTE.

Tant mieux. (*A part.*) J'étouffe, mais c'est égal. (*Haut.*) Monseigneur n'm'a jamais vue, je n'l'ai jamais vu, & la défense me r'garde.

MATHURIN.

En plein.

COLIN.

C'est l'mot... Par là d'ssus, il a une dot à donner, çà va êt' publié, pas pu tard que c'matin.

COLETTE.

J'vous conseille d'l'obtenir, ça f'ra qu'vous pourrez plaire.

MATHURIN.

Tant qu'ell' durera.

LA DOT;

COLIN, *à Mathurin.*

TRIO.

Savez-vous bien qu'à la par fin,
Je n'aime pas qu'on me raisonne.

MATHURIN.

Savez-vous bien qu' je n'crains personne,
Et que je m'nomme Mathurin.

COLETTE.

Point de propos, Monsieur Colin.
(*A part.*)
Ah! quel tourment! Ah! quel chagrin!

COLIN, *à Colette.*

N'vous génez pas d'vant ma présence;
Défendez vot' nouvel amant:
C'est pour lui qu'doit tourner la chance;
Il est si doux & si galant.

COLETTE.

Monsieur Colin, le tems vous presse;
Monseigneur ne me connaît pas,
Allez voir la belle maîtresse
Dont il vous garde les appas.

COLIN.

J'en veux une qui soit fidele,
Et c'est vous, Mamzelle,
Qui m'la trouverez,
M'la garderez.

COLETTE.

J'en veux un qui n'soit pas colere,
Et c'est vous, j'espere,

COMÉDIE.

Qui me l'trouv'rez,
Me l'garderez.

MATHURIN.

Oui, oui, fidele, & point colere....
Si je fais plaire,
C'est que j'suis aussi joyeux,
Qu'amoureux.

ENSEMBLE.

COLIN.	MATHURIN.
Savez-vous bien qu'à la parfin, Je n'aime pas qu'on me raisonne.	Savez-vous bien qu'je n'crains personne, Et que je m'nomme Mathurin.

(*Cateau fort de sa maison.*)

SCENE IV.

LES PRÉCÉDENS, CATEAU.

CATEAU.

QUATUOR.

EH! d'où vient donc votre querelle?

COLIN, COLETTE, MATHURIN.

C'est qu'vous saurez......

CATEAU.

Vous me l'direz.

COLIN, MATHURIN.

C'est qu'vous saurez que j'suis fidele.

LA DOT,

CATEAU.

Est-ce un' raison pour vous bouder ?
L'amour est si doux à connaître,
Que de l'instant qu'il vient de naître,
 Faut le garder,
 Sans le gronder.
C'est l'amour qui, dans ma jeunesse,
M'inspira douceur & plaisir ;
C'est l'amour qui, dans ma vieillesse,
Me donne encore ame & desir.

MATHURIN.

Queu' mémoir' vous avez là,
De vous souv'nir d'aussi loin qu'ça !

CATEAU.

Se taira-t-il ?

MATHURIN.

Eh ! mais pourquoi ?

CATEAU.

Se taira-t-il ?

MATHURIN.

Non, jarnigoi.

COLIN.

Cateau, Cateau, dans vot' jeune âge,
Vous n'eûtes pas un cœur changeant ?

CATEAU.

Non, mon enfant.

COMÉDIE.

COLIN.
Jamais on n'vous vit, je le gage,
Plus d'un galant?

CATEAU.
Non, mon enfant.

COLIN, à *Colette*.
Quand vous m'en offrirez autant,
Nous parlerons de mariage.

MATHURIN, à part.
Ah! qu'ça va bien!
Mais n'difons rien.

COLETTE.
Cateau, Cateau, dans vot' jeune âge,
Vous eûtes l'cœur d'vot' amant?

CATEAU.
Oui, mon enfant.

COLETTE.
I' n'vous foupçonna pas, je gage,
Plus d'un galant?

CATEAU.
Non, mon enfant.

COLETTE, à *Colin*.
Quand vous m'en offrirez autant,
Nous parlerons de mariage.

MATHURIN, à part.
Ah! qu'ça va bien!
Mais n'difons rien.

ENSEMBLE.

COLETTE.

Monsieur Colin, le tems vous presse,
Monseigneur ne me connait pas,
Allez voir la belle maîtresse,
Dont il vous garde les appas.

CATEAU.

Eh! mes enfans, point de colere,
Pourquoi chercher à s'offenser ?
Quand on est dans l'âge de plaire,
Il vaut bien mieux se caresser.

COLIN.

Allez, Mamzelle.... Ah! quel martyre!
Gardez bien Monsieur Mathurin.

(*A Mathurin, en lui serrant la main.*)

Puisque vous aimez tant à rire,
J'aurons soin de vous mettre en train.

MATHURIN.

Ah! qu'ça va bien!
Mais n'disons rien.

(*Colin s'en va, Colette rentre chez elle.*)

SCENE V.

CATEAU, MATHURIN.

CATEAU.

IL est tout gentil ce p'tit Colin, & i' n'a cessé d'me r'garder pendant qui s'brouillait avec ma niece... L'y a que'qu' chose là d'ssous.

MATHURIN.

COMÉDIE.

MATHURIN.

I' m'a caffé la main, mais Colette m'refte; & j'fuis guéri.

CATEAU.

Si tu n'as pas d'aut' med'cin qu'celui-là, j'crais qu'tu f'ras long-tems malade.

MATHURIN, *la contrefaifant.*

Il eft tout gentil ce p'tit Colin.... L'y a qué-qu'chofe là-d'ffous.

CATEAU.

Pourquoi pas?

MATHURIN.

Sur'ment, vous êtes fi av'nante.... Auffi Alain fait comm' moi, i' s'eft dédit.

CATEAU.

Ça n'eft pas vrai, Alain m'aime toujours.

MATHURIN.

De loin.

CATEAU, *s'en allant.*

Tais-toi, imbécile, brouille ménage.

MATHURIN.

Ça m'amufe.

(*On entend de loin le bruit du tambour.*)

CATEAU *s'arétant.*

Ha! ha!

B

LA DOT,

MATHURIN.

V'là l'moment d'en profiter.

CATEAU.

D'quoi?

MATHURIN, *appellant*.

Colette....

CATEAU.

Eh bien !

MATHURIN.

J'gage qu'c'est la Dot.

CATEAU.

D'qui?

MATHURIN, *allant regarder*.

Justement, & j'crais que j'découvre l'Magister ; c'Monsieur qui fait l'capable, & qui n'sait ni c'qui' dit, ni c'qui' veut dire.

(*Les jeunes Filles arrivent en courant, sur la ritournelle suivante.*)

SCENE VI.

LES PRÉCÉDENS, JEUNES FILLES.

CHŒUR.

Dot à donner, mariage à faire,
C'est moi qu'on choisira ;
Dot à donner, c'est moi, la mere,
C'est moi qu'on marira.

COMÉDIE.

Deux jeunes Filles.

J'ignore encor si je sais plaire,
Et pardine c'est malheureux ;
Mais si Monseigneur me préfere,
Çà f'ra venir les amoureux.

Chœur.

Dot à donner, &c.

(*Le Magister arrive au bruit du tambour, accompagné de la suite du Marquis & des jeunes Garçons du village.*)

SCENE VII.

Les Précédens, LE MAGISTER, JEUNES GARÇONS, Suite.

Le Magister.

Chant.

De par un Seigneur éminent,
    Jeunes Bergerettes,
    Charmantes fillettes,
Santé, salut & compliment.

Chœur.

A ce Monseigneur éminent,
    Jeunes Bergerettes,
    Dociles fillettes,
Rendent salut & compliment.

LE MAGISTER.

C'est votre bonheur qu'il desire,
Que sur ce papier qu'il verra,
Chacune de vous fasse inscrire
Son nom, son âge..... & cœtera.

CHŒUR.

A ce Monseigneur, &c.

LE MAGISTER, *aux jeunes Filles.*

Point de confusion, & que l'on se range autour de moi.

LES JEUNES FILLES.

Nous y v'là.

LE MAGISTER, *à une jeune Fille.*

Votre nom ?

JUSTINE.

Justine.

LE MAGISTER.

Bon. (*Il l'écrit.*) Votre âge ?

JUSTINE.

Seize ans.

LE MAGISTER.

Fort bien. (*Il l'écrit.*) Amoureuse ?

JUSTINE.

Pas mal.

LE MAGISTER.

Pressée. (*Il l'écrit.*) A vous.

SUSETTE.

Suzette.

COMÉDIE.

LE MAGISTER, *l'écrivant.*

Il y eſt.... Votre âge?

SUSETTE.

Treize ans.

LE MAGISTER.

Treize ans. (*Il l'écrit.*) Amoureuſe?

SUSETTE.

J'crois qu'oui.

LE MAGISTER.

Précoce. (*Il l'écrit.*)

CATEAU.

Prendrez-vous auſſi mon nom?

LE MAGISTER, *la regardant.*

Votre âge ſuffira.

MATHURIN.

Pour ne rien avoir.

CATEAU.

Sottiſe.

LE MAGISTER.

Vérité. (*Il paſſe à une autre.*)

MATHURIN.

Colette, Mamzelle Colette.

LE MAGISTER, *à Claudine.*

Vingt ans, & point d'amoureux?

CLAUDINE.

Mon Dieu non!

LE MAGISTER.

Désespérée. (*Il l'écrit.*)

MATHURIN.

Colette....

COLETTE, *à la fenêtre.*

Eh bien !

MATHURIN.

Vot' âge & vot' nom pour l'mariage.

COLETTE.

J'n'en veux pas.

(*Elle ferme sa fenêtre, avec force.*)

CATEAU.

C'est bien fait.

MATHURIN.

Sur'ment, & c'est une preuve qu'ell' veut m'garder.

CATEAU.

Ah ! ben oui.

LE MAGISTER, *à Rosette.*

Dix-sept ans & demi : bon. (*Il l'écrit.*) Un galant ?

ROSETTE.

Qui n'se décide pas.

LE MAGISTER.

Souffrante. (*Il l'écrit.*)

CATEAU.

Ça finira-t-i ?

COMÉDIE.

LE MAGISTER.

Par vous.

CATEAU, *donnant son nom.*

Cateau.

LE MAGISTER, *l'écrivant.*

Bien.... Vos qualités?

MATHURIN.

Bavarde.

CATEAU.

Veuve.

LE MAGISTER.

Votre âge.

CATEAU, *après lui avoir parlé à l'oreille.*

Moins trois mois.

LE MAGISTER.

Que ça?

CATEAU.

Vrai.

LE MAGISTER, *secouant la tête.*

Heum....

CATEAU.

En conscience.

LE MAGISTER.

Allons. (*Il l'écrit.*) Amoureuse?

CATEAU.

Toujours.

LE MAGISTER.

Incurable.

MATHURIN.

C'est l'mot.

CATEAU.

L'mot!

LE MAGISTER.

Paix, & qu'il soit bien connu, calculé, retenu, que c'est de sa propre & libre volonté que Monseigneur entend placer la Dot dont est question, & qu'il ne s'y décidera que lorsqu'il sera bien sûr que les deux parties contractantes se desireront & se conviendront: en conséquence, ce sont les amoureuses qu'il consultera, ainsi que les amoureux, non les peres & meres, & pour cause; voulant que les mariages qu'il projette assurent le bonheur de ceux dont il aura fait choix; entendant, de plus, de n'être prié, pressé, sollicité par aucun des aspirans; se réservant de renouveller cette Dot, selon les rapports qu'il trouvera entre les garçons & les filles dont il pénétrera les goûts & les dispositions.

CHŒUR.

De par Monseigneur, &c.
A ce Monseigneur, &c.

(*Tout le Village reconduit le Magister.*)

Fin du premier Acte.

ACTE II.

Colette sort de chez elle, avec un petit pannier dans lequel il y a une bouteille d'eau, une tasse & de l'ouvrage.

SCENE PREMIERE.

COLETTE, *seule.*

Cateau m'tourmente; j'ai là tout c'qui' m'faut, & je n'rentrerai pas d'la journée. (*Elle met son pannier au pied du lit de gazon.*) Et Colin!... s'en aller comm' ça... par là... oh! oui, c'était bien par là... & sans d'mander si on aurait pas été bien aise qui' fût resté: ah! comm' c'est dur!

AIR.

J'allais lui dire que je l'aime,
C'est un besoin, je le sens bien,
Et quand j'crois qu'il va dire d'même,
Le v'là qui s'fâche, & n'finit rien.
J'n'espérons pas qu'il parsiste
Dans un dépit si mal gracieux,
Sans quoi, faudrait que je m'attriste,
R'gardais comm' ça serait heureux.

Même Air.

On dit qu'l'amour ne fait pas d'peine,
Et j'commençons par du tourment;
C'est ben sa faute, & non la mienne,
Mais s'il souffre, je souffre autant.
 J'n'espérons pas, &c.

Il est vrai aussi qu'c'est comm' un sort, & chaqu' fois qu'il a voulu m'parler, Mathurin s'est trouvé là... J'l'aurais battu tout-à-l'heure, & si c'n'est que j'crains qui' ne nous joue qué'qu' tour, c'est ben sûr que je n'le r'verrais pas; il est si méchant. (*Elle va s'asseoir sur le lit de gazon.*) Mais v'là que l'mal est fait à présent... V'là que quand i' r'viendrait (*elle regarde du côté où il est parti,*) j'n'y r'gard'rai tant seulement pas; (*elle laisse son ouvrage,*) vaut mieux l'quitter, j'vais tout d'travers.... avec tout ça, qu'il y prenne garde, car si je me mets à ne plus l'aimer... Bon! il est là, (*en montrant son cœur*) toujours là. (*Elle le voit venir.*) Ah! c'est lui!

(*Elle se met bien vîte sur le lit de gazon, reprend son ouvrage, & travaille, les yeux baissés; Colin l'apperçoit & l'approche avec l'air embarrassé.*)

SCENE II.
COLETTE, COLIN.

COLIN.

Faut pas vous déranger, Mamzelle. (*Colette ne bouge pas.*) Je n'viens pas pour ça... & quoiqu' ce soit not' chemin pour nous en r'tourner, j'en aurions pris un autre... si c'n'était que je m'suis souv'nu... qu'on m'avait dit... d'vous dire... que j'vous dirais....

COLETTE.

C'est tout simple.

COLIN.

Si c'n'était donc des complimens.... à Madame Cateau, vot' tante... d'la part d'mon oncle Alain, qu'est Garde chasse d'Monseigneur... c'qui fait qu'si ça n'vous fait pas d'peine qu'j'entre dans sa maison...

COLETTE.

J'crois... Monsieur... qu'ell' est occupée, & si ça n'vous déplaît pas que je m'charge d'la commission....

COLIN.

Mamzell', ça n'peut pas m'déplaire, & j'crains tant seul'ment d'vous gêner.

COLETTE.

Monsieur, ça n'gêne jamais d'faire une honnêteté.

LA DOT,

COLIN.

Ni d'la rendre, Mamzell', & Mamzell' n'a qu'à parler, s'il y a que'qu' chose du nôtre en quoique j'puissions lui être utile.....

COLETTE.

Ly en a beaucoup, Monsieur, & si, par exemple, vous aviez que'qu' fleurs d'trop dans vot' jardin, vous m'feriez plaisir d'm'en envoyer ce soir pour ma tante, dont c'est d'main la fête.

COLIN.

Faut pas dire des fleurs d'trop, Mamzell', & n'y en eût i' pas du tout, vous en auriez toujours.

COLETTE.

Ce f'ra tout d'même, si j'en ai qui vous plaisent.

COLIN.

Que d'reste, Mamzelle.

COLETTE.

Monsieur n'aura qu'à parler.

COLIN.

V'là tout, Mamzell'... car pour c'qu'est de c'matin, j'sentons bien qu'c'est vot' dernier mot.

COLETTE.

J'sentons bien aussi qu'c'est l'vôtre.

COLIN.

Ça f'ra qu'vous s'rez pu heureuse.

COMÉDIE.

COLETTE.

N'y a pas d'comparaison, & vous voyez comme j'suis tranquil..

(Colin ôte son chapeau pour la saluer.)

COLIN.

Vous voyez aussi... comm' je l'suis.

COLETTE.

On dirait qu'la main vous tremble.

COLIN.

Moi, Mamzell'... c'est qu'j'ai couru.

COLETTE.

Faut prendre garde d'vous fair' du mal.

COLIN.

Duo.

Par ainsi, sans qu'ça vous chagraine ;
Vot' amitié sera pour nous.

COLETTE.

Par ainsi, sans qu'ça m'fass' de peine,
Not' amitié sera pour vous.

COLIN.

J'avais ben une autre croyance,
Mais j'sais qu'il faut y renoncer.

COLETTE.

J'avais ben une aut' espérance,
Mais j'sais qu'il faut n'y plus penser.

COLIN.

On a publié l'mariage......
Puis, on vous a d'mandé votre âge,
Votre âge, ainsi que votre nom?

COLETTE.

Oui, l'on est v'nu sous cet ombrage,
Tandis qu'j'étais à la maison.

COLIN.

A la maison?

COLETTE.

A la maison.
Puis, comm' on m'criait de paraître....
J'ai paru là, (*sa fenêtre*) puis j'ai dit *non*.

COLIN.

Vous avez dit *non*?

COLETTE.

J'ai dit *non*.

COLIN.

Sans donner vot' âg', ni vot' nom?

COLETTE.

Sans donner mon âg', ni mon nom...
Puis, j'ai refermé la fenêtre,
Comme cela....

COLIN, *faisant le même geste*.

Comme cela?

COLETTE.

Tout un chacun vous le dira.

COMÉDIE.

COLIN.

Comme cela?

COLETTE.

Aussi fort que vous, ce matin,
En serrant la main d'Mathurin.

COLIN.

Ah! vous d'mandez des fleurs nouvelles,
Ce soir ici vous les aurez,
Et les plus fraîches, les plus belles.....

COLETTE.

Ce soir, vous m'les apporterez.

COLIN, *s'en allant.*

Oui, oui, ce soir vous les aurez.

COLETTE, *le retenant.*

On vous a parlé d'mariage....
Puis, des plus belles du village
On vous a dit l'âge & le nom?

COLIN.

Oui, des plus belles du village
Monseigneur m'a dit l'âg' & l'nom.

COLETTE.

Dit l'âg' & l'nom?

COLIN.

Dit l'âg' & l'nom.
Mais comme j'étais dans la transe,
Je me suis tu.... puis, j'ai dit *non*.

LA DOT,

COLETTE.

Vous avez dit *non* ?

COLIN.

J'ai dit *non*.

COLETTE.

Sans r'tenir leur âg', ni leur nom ?

COLIN.

Sans r'tenir leur âg', ni leur nom....
Puis, je m'suis sauvé d'sa présence,
Comme cela....

COLETTE, *faisant comme lui.*

Comme cela !

COLIN.

Tout un chacun vous le dira.

COLETTE.

Comme cela ?

COLIN.

Aussi vîte qu'vous ce matin,
En fuyant bien loin de Colin.

COLETTE.

Ah ! j'ai besoin de fleurs nouvelles,
Et les plus fraîches, les plus belles....

COLIN.

Ce soir ici j'les enverrai.

COLETTE.

Oui, pour Cateau... Cateau que j'aime,
Ce soir je les accepterai.

(*Colin s'en va & revient.*)

COLIN.

COMÉDIE.

COLIN.
Pour ne pas risquer ces fleurs là,
Si j'vous les apportais moi-même!...

COLETTE.
Je n'peux pas m'opposer à ça.

COLIN.	COLETTE.
Ah! vous d'mandez des fleurs nouvelles,	Oui, j'ai besoin de fleurs nouvelles,
Et les plus fraîches, les plus belles,	Et les plus fraîches, les plus belles,
Ce soir ici j'les apport'rai.	Ce soir je les accepterai.

(*Colin s'en va.*)

COLETTE.
Me v'là soulagée.... quoiqu'on n'soit pu' amans, faut pas êt' brouillés, ça f'rait vilain.... j'vais l'dire à ma tante; & si Mathurin s'avise d'êt' là ce soir quand on m'apport'ra des bouquets.... tout au contraire faut l'amadouer, pour mieux l'mortifier.

(*Tandis qu'elle va prendre son pannier, le Marquis paraît du côté opposé à celui par lequel Colin est sorti, & avance, sans être vu de Colette.*)

SCENE III.

COLETTE, LE MARQUIS.

LE MARQUIS, *à part.*

Voici l'endroit que le Magister m'a indiqué.

COLETTE, *se retournant.*

Hein?

LE MARQUIS.

Quoi?

COLETTE.

Monsieur....

LE MARQUIS, *à part.*

Feignons, & si c'est elle, sachons pourquoi elle n'a pas voulu donner son nom?

COLETTE.

Eh bien!

LE MARQUIS.

Voudriez-vous me dire où je suis?

COLETTE.

Monsieur... vous êtes ici.

LE MARQUIS.

Bien obligé... le nom du village?

COLETTE.

Schoembrunn.

LE MARQUIS.
Oui?

COLETTE.
Est-c' que vous vous êt' perdu?

LE MARQUIS.
A-peu-près. (*A part.*) Je présume que c'est elle.

COLETTE.
V'nez-vous d'loin?

LE MARQUIS.
De mon château.

COLETTE.
C'est clair... pour ceux qui l'connoissent... & c'est par là qu'on y va?

LE MARQUIS.
Je crois que oui.

COLETTE.
Encore plus clair, & tout c'que j'vois, c'est qu'vous avez ben couru.

LE MARQUIS.
Un peu.

COLETTE.
V'là pourquoi vous avez chaud?

LE MARQUIS.
Très-chaud, & si vous pouviez me procurer un verre d'eau, vous me feriez plaisir.

LA DOT,

COLETTE.

Ben volontiers, car j'en ai là.

LE MARQUI

Vous êtes charmante.

(*Colette prend la tasse dans son pannier.*)

COLETTE.

Monsieur n'est pas difficile.

(*Colette essuie la tasse avec son tablier, le Marquis prend la bouteille.*)

LE MARQUIS.

Il suffit.

COLETTE, *cherchant la bouteille.*

Eh bien!

LE MARQUIS.

Je la tiens.

COLETTE.

Oh! qu'non.

LE MARQUIS.

Vous le voulez?

COLETTE.

Sur'ment, puisque c'est moi qui régales.... ell' est d'la fontaine, au moins.

LE MARQUIS, *après avoir bu.*

Et bien fraîche.

COMÉDIE.

COLETTE.

Encore?

LE MARQUIS.

Assez.... Est-ce là votre maison?

COLETTE.

Quand ma tante Cateau m'l'aura donnée.

LE MARQUIS.

Vous demeurez chez elle.

COLETTE.

Justement.

LE MARQUIS.

Sans pere, ni mere?

COLETTE.

N'parlons pas d'ça.

LE MARQUIS.

J'entends....

COLETTE.

Comm' vous me r'gardez?

LE MARQUIS.

C'est que j'ai du plaisir à vous voir.

COLETTE.

Vous êt' poli.

LE MARQUIS.

Fait-on l'amour dans votre village?

LA DOT;

COLETTE.

Ça vous étonne ?

LE MARQUIS.

Et l'on y est constant ?

COLETTE.

Ça vous étonne encore davantage ?

LE MARQUIS.

Pourquoi donc ?

COLETTE.

Ah ! c'est qu'vous aut' Messieurs, vous êt' savans, mais pas assez pour comprendre comme j'faisons pour nous aimer toujours.

LE MARQUIS.

Vous croyez ?

COLETTE.

On m'l'a dit.

LE MARQUIS.

On a eu tort.... Votre nom ?

COLETTE.

Colette.

LE MARQUIS.

Votre âge ?

COLETTE.

Vingt ans.

COMÉDIE.

LE MARQUIS.

Duo.

Jeune & faite
Pour attendrir,
Belle Colette,
C'est un plaisir.

COLETTE, *faisant la révérence.*

Pour vous servir.

LE MARQUIS.

Cœur vif & tendre,
Prêt à se rendre,
C'est un plaisir.

COLETTE.

Pour vous servir.

LE MARQUIS.

Mais on doit, à votre âge,
Songer au mariage.

COLETTE.

Monsieur, j'y songe aussi.

LE MARQUIS.

Bien souvent?

COLETTE.

Monsieur, oui.

LE MARQUIS.

Et tout bas à l'oreille,
L'amour vous conseille
De prendre un mari,
Jeune & joli.

LA DOT;

COLETTE.

Monsieur, oui.

LE MARQUIS.

Son nom?

COLETTE.

Pourquoi faire?

LE MARQUIS.

Pourquoi le taire?

COLETTE.

Vous le nommer contre son gré,
Ne s'rait ni beau, ni sage,
Si j'l'épouse, j'vous l'apprendrai
Le jour du mariage.
En attendant que c'bonheur-là
Vous le fasse connaître,
Vous permettrez qu'il reste là, (*son cœur*)
Ce n'est qu'la qu'il doit être.

LE MARQUIS.

Mais, de bonne foi,
Pourquoi
Ne pas le dire?

COLETTE.

Mais, de bonne foi,
Pourquoi
Vous en instruire?

LE MARQUIS.

Je le saurai.

COLETTE.

Quand je voudrai.

COMÉDIE.

LE MARQUIS.	COLETTE.
Oui, je faurai, quand je voudrai,	Vous faurez, quand je l'voudrai,
Quel eft ce mari,	Quel eft ce mari,
Joli.	Joli.

LE MARQUIS.

Abfolument, *non ?*

COLETTE.

Quand ça vous r'gard'rait, vous n'feriez pas plus curieux.

LE MARQUIS.

Que favez-vous ?

COLETTE.

Fallait v'nir c'matin, vous en auriez fu davantage... Il s'eft fâché tout d'bon, & s'en eft allé.

LE MARQUIS.

Qui ?

COLETTE.

Il eft r'venu, & quand j'lui ai dit qu'j'avais fermé la f'nêtre, comm'ça, ben fort....

LE MARQUIS.

La fenêtre !

COLETTE.

Que j'n'avais voulu donner ni mon âg', ni mon nom... il a été fi content...

LE MARQUIS.

Ni votre âge, ni votre nom? (*A part.*) C'eft elle.

COLETTE.

Pardinne! on aurait qu'à m'en faire époufer un autre que Colin!

LE MARQUIS.

Le jardinier de mon... du château de Gounnzersdorf.

COLETTE.

Qui?

LE MARQUIS.

Colin.

COLETTE.

Bon! v'là-t-i' pas qu'vous l'avez d'viné, avec vos queftions!

LE MARQUIS, *à part.*

Elle aura la dot.

COLETTE.

Et fi j'vous difais que c'n'eft pas ça qu'j'ai voulu dire?

LE MARQUIS.

Je fuis sûr que vous ne mentez jamais.

COLETTE.

C'eft vrai.

LE MARQUIS.

En attendant que vous ayez de mes nouvelles, fouffrez que je vous remercie. (*Il prend fa bourfe.*)

COLETTE.

D'l'argent pour un verre d'eau!... Si vous m'en donniez un, eft-c' que j'vous l'payerais, moi?

COMÉDIE.

LE MARQUIS.

C'est différent.

COLETTE.

A cause qu'vous êt' un Monsieur?

LE MARQUIS.

Prenez.

COLETTE.

J'vous assure que non.

LE MARQUIS, à part.

Tout cela me décide, &, ce soir même, elle aura Colin, qui, l'autre jour, n'a osé me la nommer.

COLETTE.

Vous aimez donc mieux parler tout seul qu'avec moi?

(*Le Marquis tire de sa poche un petit porte-feuille dans lequel il prend un crayon & du papier.*)

LE MARQUIS, à part.

Un mot de ma main suffira.

(*Il va s'asseoir sur le lit de gazon.*)

COLETTE.

Si j'parlais comm' ça d'mon côté, ça f'rait une drôle d'conversation, au moins. (*Le voyant assis.*) Eh bien!... faut croire qu'c'est pressé.

LE MARQUIS, écrivant.

Savez-vous lire?

LA DOT;

COLETTE.

Pas du tout dans l'écriture.

LE MARQUIS.

Tant mieux. (*A part.*) Je jouirai de sa surprise.

COLETTE.

Tant mieux ? tant pis... Vous n'êt' pas d'même, à c'qui' m'paraît, vous êt' habile.

LE MARQUIS.

Colin n'est-il pas le neveu d'Alain ?

COLETTE.

D'pere & d'mere.

LE MARQUIS.

Il est fort gai pour son âge, cet Alain, & je ne serais pas étonné qu'il se remariât.

COLETTE.

A son aise, pourvu que ce n'soit pas avec moi.... V'là donc qu'est fini.

LE MARQUIS.

Le château de Gounnzersdorf n'est qu'à une lieu d'ici....

COLETTE.

Je n'y ai jamais été.

LE MARQUIS.

J'ai oublié de dire quelque chose à mon ami qui en est le Seigneur, voudriez vous lui porter ce billet ?

COMÉDIE. 45

(*Depuis un moment, Mathurin paraît & disparaît alternativement.*)

COLETTE.

Moi !

LE MARQUIS.

Vous n'en serez pas fâchée.

COLETTE.

J'n'en sais rien.

LE MARQUIS.

S'il n'est pas de retour, demandez le Magister, il vous répondra.

COLETTE.

Sur quoi ?

LE MARQUIS.

Il n'est pas cacheté.

COLETTE.

C'est tout d'même, puisque je n'sais pas lire.

LE MARQUIS.

CHANT.

Monsieur, oui, Monsieur, non... dès que je l'ai voulu,
Vous voyez que j'ai su....

COLETTE.

Eh bien ! eh bien ! qu'avez-vous su ?

LE MARQUIS.

Le nom du mari,
Joli.

LE MARQUIS.	COLETTE.
Le nom du mari, joli.	Oui, vraiment, il est joli.

(*Le Marquis s'en va, Mathurin approche, écoute Colette qui tient le billet, & suit tous ses mouvemens pour tâcher de le lui atraper.*)

SCENE IV.

COLETTE, MATHURIN.

COLETTE.

V'LA une drôle d'aventure, par exemple.... Un ami de c'Monseigneur qui marie!... Eh! à propos, que j'suis bête! je m'charge d'porter son billet, & Colin va m'apporter des bouquets! Si' n'me trouv' pas, il va êt' fâché, & j'aim'rais mieux laisser cent billets comm' ça, que de n'pas l'voir, que d'ly déplaire un seul instant.... Si j'savais c'qu'est dedans, ça pourrait m'décider.... J'ai beau le r'tourner, j'n'y comprends pas plus d'un côté, que d'l'autre.

(*Mathurin avance la main pour le prendre, & la retire, sans faire semblant de rien, au moment où Colette se retourne.*)

MATHURIN, *à part*.

Le v'là manqué.

COMÉDIE.

COLETTE.

Ha !

MATHURIN.

Ha !

COLETTE.

Tu croyais l'tenir.

MATHURIN.

Moi !

COLETTE.

Avec c'geste-là ; (*elle imite celui de Mathurin*) mais heureusement, on fait faire c't'ici. (*Elle répete le geste qu'elle a fait pour retirer sa main.*)

MATHURIN.

Ça m'est égal. (*A part.*) Je l'verrai, ou je n'pourrai. (*Haut.*) Très-égal, & sans l'avoir lu ; j'sais tout c'que j'voulais savoir.

COLETTE.

En vérité !

MATHURIN.

Oui, Mamzelle : goûté donné, billet r'çu, & d'qui ? du Seigneur d'l'endroit.

COLETTE.

Lui !

MATHURIN.

C'matieux d'filles ; mais ça s'devine, & j'voyons à présent pourquoi vous n'voulez pas d'moi.

COLETTE.

C'est vrai.

MATHURIN.

Ni d'Colin.

COLETTE.

Ni d'Colin!

MATHURIN.

Qu'vous n'tromp'rez pas pu long-tems, & j'cours l'en avertir.

COLETTE, *le retenant.*

Mathurin....

MATHURIN.

Perfide....

COLETTE.

Tu m'écout'ras.

MATHURIN.

Pas du tout.

COLETTE.

Ni d'Colin!... & tu irais!...

MATHURIN.

Si j'irai!....

COLETTE.

Ah! traître!... mais non, je n'te quitte pas, & puisque t'es savant dans la lecture....

MATHURIN.

Savant! le p'tit n'veu du Maître d'école, rien qu'ça.

COMÉDIE.
COLETTE.

Lis donc, méchant, lis toi-même, & nous verrons si j'suis une perfide, si tu os'ras m'brouiller avec Colin!

MATHURIN, *s'en allant.*

Je n'lirai pas.

COLETTE.

Tu liras.

MATHURIN, *prenant le billet.*

Dépêchez donc, i' n'y a qu'trop long-tems que j'suis avec vous. (*A part & lisant.*)

« J'ai fixé mon choix, &, sans délai, vous
» marirez Colin à celle qui vous remettra mon
» billet. »

COLETTE.

Eh bien!

MATHURIN, *à part.*

Colin! ça n'f'ra pas.

COLETTE.

Finiras-tu?

MATHURIN, *à part.*

Non, jarni! & faut que j'la dégoûte d'porter l'billet.

COLETTE.

Mathurin....

D

MATHURIN, *lisant haut.*

« J'ai fixé mon choix, &, sans délai, vous
» marirez Alain....

COLETTE.

Ensuite....

MATHURIN

A, l, m, p, q, n, lain, Alain....

COLETTE.

Acheve....

MATHURIN.

« Et, sans délai, vous marirez Alain à celle
» qui vous remettra mon billet. »

COLETTE.

Alain!... c'est ainsi que c'Monsieur vient m'tromper!... & j'port'rais son billet!... j'épous'rais Alain, c'vilain Alain qu'il trouv' si gai pour son âge!... Non... Cateau l'a aimé, & c'est Cateau qui prendra ma place.

MATHURIN, *à part.*

Cateau!... Ah! comme j'ai réussi!

COLETTE, *appellant.*

Cateau... Moi qui l'ai si bien r'çu!...

MATHURIN.

D'mieux, en mieux.

COMÉDIE.
COLETTE.
Cateau... Moi qui l'ai si bien traité!... Cateau...
COLETTE, MATHURIN.
Cateau....

SCENE V.
LES PRÉCÉDENS, CATEAU.

CATEAU.
Cateau! Cateau!... Eh! qu'est-c' qu'il y a donc?

COLETTE.
Monseigneur a passé par ici...

CATEAU.
Eh bien!

COLETTE.
Il m'a donné c'billet là, & il faut qu'vous l'portiez, tout d'suite, au château.

CATEAU.
Moi!

COLETTE.
L'y a une récompense.

CATEAU.
J'y cours.

MATHURIN.
Et une bonne.

CATEAU.

Ça n'te r'garde pas. (*A Colette.*) Mais à propos d'quoi?

COLETTE.

On vous l'dira.

CATEAU.

J'pars.

MATHURIN, *à Colette.*

J'caufrons, en l'attendant.

COLETTE, *à Cateau.*

N'vous arêtez pas.

CATEAU.

Non.

COLETTE.

Si Monseigneur n'est pas r'venu, d'mandez l'Magister, i' vous répondra.

CATEAU.

Oui.

COLETTE.

Et ne r'venez pas qu'ça n'soit fait.

CATEAU.

Suffit. (*A Mathurin.*) Cause, cause.

MATHURIN, *à Cateau.*

Partirez-vous?

(*Mathurin se retourne, & court après Colette qui rentre, & lui ferme la porte au nez.*

COMÉDIE.

SCENE VI.

MATHURIN, *seul.*

Comment?... Colette! Mamzell' Colette!... pas un mot!.... vous m'épouf'rez..... oui, morgué! Monseigneur enjoint au Magister d'faire tout d'suite la noce d'Colin avec celle qui lui r'mettra l'billet; la vieille en est chargée, & c'est ell' qui f'ra la femme d'Colin, à la place duquel j'ons eu l'adresse d'lire Alain.... C'que c'est qu'l'esprit!... En France, où c'que j'ons eu l'honneur d'aller, l'y a fu' ça un tas d'cérémonies qui n'finissent pas; mais ici, drès que l'maître a parlé, faut obéir.... (*Bas à la porte de la maison.*) Colette! ma chere petite Colette...

(*Les jeunes Filles & les jeunes Garçons traversent la scene.*)

SCENE VII.

MATHURIN, JEUNES FILLES, JEUNES GARÇONS.

Chœur.

Partons, partons bien vite,
L'billet est donné de c'matin;
Monseigneur nous invite
Aux noces de Colin.

MATHURIN, *courant à eux.*

Voulez-vous bien faire silence?

CHŒUR, *approchant.*

Eh! pourquoi donc cette défense?

MATHURIN.

Morgué! passez votre chemin.

CHŒUR, *très-bas.*

Puisque Monsieur veut du silence,
Chantons tout bas, (*très-haut*) vive Colin!

COLETTE, *à sa fenêtre.*

Colin! que dit-on de Colin?

DEUX PAYSANS.

Eh! v'nez, eh! v'nez donc vite,
L'billet est donné de c'matin,
Monseigneur nous invite
Aux noces de Colin.

COMÉDIE.

COLETTE, *se retirant.*

De Colin!

CHŒUR.

Jarni! quel cri!

MATHURIN, *à part.*

Je suis en transe...

(*Haut.*)

Morgué! passez votre chemin.

CHŒUR.

Puisque Monsieur veut du silence,
Chantons tout bas... vive Colin!

SCENE VIII.

LES PRÉCÉDENS, COLETTE.

COLETTE, *accourant.*

Ecoutez-moi....

DEUX PAYSANS.

C'est chose aisée.

COLETTE.

Parlez, parlez, quel est c'tuilet?

JEUNES FILLES.

C'n'est pas moi qui suis l'épousée.

COLETTE.

Parlez, parlez....

D 4

LA DOT,

JEUNES FILLES,

quel regret!

COLETTE.

Parlez, parlez, quel est c'billet?

CHŒUR.

Eh! v'nez, eh! v'nez donc vite,
Il est donné de ce matin,
Monseigneur nous invite.
Aux noces de Colin.

COLETTE.

De Colin!

MATHURIN.

D'Alain.

CHŒUR.

De Colin.

COLETTE, à *Mathurin*.

Ah! traître!...

(*Colette renverse Mathurin sur les autres, franchit le côteau, & le traverse, en courant : tout le village la suit des yeux.*)

MATHURIN.

Ouf!...

CHŒUR.

Quoiqu'ça veut donc dire!
Ell' court comme le vent.

MATHURIN, à *part*.

Jarnigoi! faut, en la suivant,

COMÉDIE.

Empêcher qu'on n'vienne à l'instruire...
Courons.

CHŒUR.

Non, tu rest'ras...
Vous êtes cause qu'ell' soupire....

MATHURIN.

Laissez-moi.

CHŒUR.

Non, tu nous suivras.

MATHURIN.

Laissez-moi, laissez moi.

CHŒUR.

Jarni! point de colere.

MATHURIN.

Laissez-moi.

CHŒUR.

Non.

MATHURIN.

Ah: comment faire?

CHŒUR.

Non, non, tu rest'ras,
Et comme nous, tu chanteras,
Vive Colin!

MATHURIN.

Morgué! passez votre chemin.

(*Il veut se sauver, on le retient.*)

LA DOT;

UN PAYSAN.

Non, morbleu! tu rest'ras, & tu chant'ras, vive Colin!

MATHURIN.

Eh bien! eh bien! vive Colin!

CHŒUR.

Partons, partons bien vite,
L'billet est donné de c'matin;
Monseigneur nous invite
Aux noces de Colin.

(Mathurin s'échape, & traverse le côteau, suivi de tout le village.)

Fin du second Acte.

ACTE III.

Le Théâtre représente les jardins du Seigneur. Au pied d'un arbre, se trouve un petit lit de gazon, sur lequel Colin arrange un bouquet.

SCENE PREMIERE.

COLIN, *seul.*

Air.

Vous que j'viens d'cueillir pour elle,
Je vous dois tout mon bonheur;
Vous allez fleurir ma belle,
Soyez l'gage d'mon ardeur.
Oui, vraiment c'est elle que j'aime,
C'est c'que j'allions l'y raconter;
Qu'ell' me réponde, moi de d'même,
Je n'cess'rons pas de répéter...
 Vous que j'viens, &c.

C'est un peu loin, mais rien n'me lasse,
Quand pour la voir, il faut courir;
Le chemin n'me gêne, n'm'embarrasse
Que lorsqu'il faut en revenir.

SCENE II.
COLIN, LE MAGISTER.

LE MAGISTER.

Colin, Colin....

COLIN, *sans lui répondre.*
Vous que j'viens d'cueillir pour elle...

LE MAGISTER.
Veux-tu m'écouter ?

COLIN.
Je vous dois tout mon bonheur...

LE MAGISTER.
Mais voici une lettre....

COLIN, *s'en allant.*
Vous allez fleurir ma belle,
Soyez l'gage d'mon ardeur.

SCENE III.
LE MAGISTER, *seul.*

Colin!... Que lorsqu'il faut en revenir. Ah! c'est qu'il dit qu'il va revenir... mais à quelle heure!... la lettre de Monseigneur est précise, & j'aurai besoin de bouquets.

COMÉDIE.
(*Il lit.*)

« Je veux jouir de leur surprise, & je n'arriverai
» qu'après la signature du contrat. »

Du contrat! & je n'ai ni le nom, ni l'âge des futurs époux.

(*Il lit.*)

« Que la fête soit gaie. »

Sa grandeur doit savoir qu'il n'est pas de jour où je ne la fasse rire.

(*Il continue.*)

« Vive & jolie, le regard piquant, le sourire
» malin, voilà, en deux mots, le portrait de la
» mariée. »

Fort bien... On sait que j'ai de la facilité, beaucoup de facilité, & je finirai par leur dire des choses... charmantes... mais je n'ai qu'un moment à moi... *de même... de même que la belle Aurore... la belle Aurore...* Ce n'est pas le premier vers qui me coûte, & je ferais cent premiers vers dans une minute... mais le second, c'est le diable... *de même donc*... c'est la faute de la rime, qui m'échape... mais, à la rigueur, on s'en passe.

SCENE IV.

LE MAGISTER, MATHURIN.

MATHURIN, *accourant*.

J'y suis, & ils n'me rattrap'ront pas.

LE MAGISTER.

Qu'eſt-ce?

MATHURIN.

Eh! c'eſt vous?... l'ingrate s'eſt trompée d'chemin.

LE MAGISTER.

L'ingrate!

MATHURIN.

L'aut' va v'nir... l'billet eſt poſitif, faites c'qu'on vous ordonne, mariez ſu' l'champ.

LE MAGISTER.

Qui?

MATHURIN.

Ça r'garde Monſeigneur, j'l'ai vu paſſer, j'ſais où il eſt, j'ai à l'y parler; ſerviteur.

LE MAGISTER.

Un mot....

SCENE V.

LE MAGISTER, LE VILLAGE.

CHŒUR.

Courons, courons....

LE MAGISTER.

Quel tapage !

CHŒUR.

Il a passé dans le bocage....
Courons, courons....

LE MAGISTER.

Tout doux, tout doux.

CHŒUR.

Ah ! le méchant !

LE MAGISTER.

Que voulez-vous ?

CHŒUR.

Empêchez qu'il ne la tourmente,
Elle est si douce, si charmante.

LE MAGISTER.

Eh ! qui donc ?

CHŒUR.

On vous l'apprendra.

LA DOT;

LE MAGISTER.
Qui craignez-vous qu'on ne tourmente?

CHŒUR.
Mais, jarni! Monseigneur y s'ra,
Sa bonté la protégera.

LE MAGISTER.
Encore une fois, que voulez-vous?

DEUX PAYSANS.
C'est pour c'te fête
Que l'on apprête,
Que je v'nons tous,
Mais que f'rons-nous?

LE MAGISTER.
Ça me regarde, je n'ai qu'un instant, laissez-moi.

UNE JEUNE FILLE.
Sur-tout, Monsieur l'Magister, n'oubliez pas...

LE MAGISTER.
Quoi?

CHŒUR.
Violons & musettes
Dans les bosquets,
Jeunes bergerettes
Danse & bouquets;
Puis, brunette
Et rigodon.

LE MAGISTER.
Et rigodon.

CHŒUR.

COMÉDIE.

CHŒUR.

Chanfonnette
Et cotillon.

LE MAGISTER.

Et cotillon.

CHŒUR.

Honneur, honneur au Magifter,
J'comptons fur vous : eh ! v'là qu'eſt clair.

(*Le Magifter fait entrer le village dans le fond.*)

COLETTE, *fans être vue.*

Par ce p'tit fentier ?

LE MAGISTER, *fe retournant.*

Hein ?

SCENE VI.

LE MAGISTER, COLETTE, UN PAYSAN.

LE PAYSAN.

Oui-da, c'eſt ici.

COLETTE.

Bien obligé. (*Le Payfan fort, Colette apperçoit le Magifter.*) V'là que'qu'un.... Monfieur, Monfieur....

LE MAGISTER.

Qu'eſt-ce que c'eſt ?

E

LA DOT,

COLETTE.

J'fuis partie tout d'fuite... je m'fuis égarée... il devait v'nir... je n'l'ai pas vu, je n'l'ai pas rencontré...

LE MAGISTER.

Qui?

COLETTE.

Si Mathurin vous parle, c'eft un traitre.

LE MAGISTER.

Après.

COLETTE.

Il a bu d'l'au d'not' fontaine...

LE MAGISTER.

Que voulez-vous dire?

COLETTE.

Que j'vais pleurer, fi ça continue.

LE MAGISTER.

De quoi?

COLETTE.

D'peur d'êt' arrivée trop tard, d'chagrin d'n'avoir pas l'billet.

LE MAGISTER.

Le billet de Monfeigneur!

COLETTE.

Juftement, mais j'vais vous expliquer...

COMÉDIE.

LE MAGISTER.

Point de billet, point d'explication.

COLETTE.

Ecoutez-moi.

LE MAGISTER.

Pas un mot.

COLETTE.

Pas un mot!... Ça f'rait-i' fini?

LE MAGISTER.

Tout à fait.

COLETTE.

Tout à fait!

LE MAGISTER.

Tout à fait, vous dis-je, & la danse, les couplets, rien n'y manquera.

COLETTE.

Fini! ça n'est pas possible... Monseigneur m'écout'ra... où est-il?... où l'chercher?

LE MAGISTER.

Il n'y est pas.

COLETTE.

Je l'verrai, j'lui parlerai... Ah! mon Dieu! mon Dieu! que j'suis malheureuse!

(*Le Magister la regarde aller.*)

LE MAGISTER.

C'est-à-dire que la petite personne voulait avoir la préférence, qu'elle ne l'a pas eue, & que la tête lui tourne... Voilà les filles... *de même* donc...

SCENE VII.

LE MAGISTER, CATEAU.

CATEAU.

Comm' il y a loin!

LE MAGISTER.

Encore!

CATEAU.

Ha! ha! c'est vous!

LE MAGISTER.

Oui, ma vieille, & la fête sera complette.

CATEAU.

Ma vieille!... toujours des mots à double entente!... mais n'y a plaisant'rie qui tienne... V'là un billet d'la main d'Monseigneur; c'est à vous qui' faut le r'mettre, qu'on le life, & qu'on m'réponde tout d'suite.

LE MAGISTER, *prenant le billet.*

Un billet de la main de Monseigneur!

COMÉDIE.

CATEAU.

Et' vous fourd ?

LE MAGISTER.

Voyons. (*Il lit.*)

CATEAU.

Finirez-vous ?

LE MAGISTER, *se frotant les yeux.*

Ce ne peut pas être ça.

CATEAU.

Vous verrez qui' n'fait pas lire.

LE MAGISTER, *relifant encore.*

Je ne me trompe pas.

CATEAU.

Parlera-t-i' ?

LE MAGISTER, *la regardant.*

Jolie !

CATEAU.

Eh bien !

LE MAGISTER.

Le regard piquant !

CATEAU.

Apparemment.

LE MAGISTER.

Le fourire malin !

LA DOT;

CATEAU.

Et' vous fou ?

LE MAGISTER.

C'est Monseigneur qui l'est devenu.

CATEAU.

Au fait.

LE MAGISTER, *lisant haut.*

« J'ai fixé mon choix, &, sans délai, vous marirez
» Colin à celle qui vous remettra mon billet. »

CATEAU.

Hein ?

LE MAGISTER.

Colin !

CATEAU.

Monseigneur me marie à Colin ?

LE MAGISTER.

Oui, maman.

CATEAU.

A Colin ! ah ! le fripon ! avec quelle adresse i' m'a caché son amour ! comm' i' s'est brouillé c'matin avec esprit, & sans m'fair' sentir qu'c'était pour moi ! comm' i' f'ra vîte accouru me d'mander à Monseigneur !

LE MAGISTER.

Colin vous aime !

COMÉDIE.

CATEAU.

Et i' n'en difait rien!... Ah! que d'jolis momens i' nous a fait perdre!... qu'on me l'cherche, qu'on me l'trouve....

LE MAGISTER.

Je l'attends... mais gardez-vous de lui annoncer fon bonheur trop brufquement, l'excès de fa joie pourrait le faifir.

CATEAU.

Où eft-i'?... le v'là!

SCENE VIII.

LES PRÉCÉDENS, COLIN.

COLIN, *un bouquet à la main, au Magifter.*

ON m'a dit qu'vous m'demandiez... mais j'fais tout, j'l'ai appris en chemin, & j'fuis r'venu d'toutes mes forces... on l'a vue paffer. (*Il apperçoit Cateau, & cache fon bouquet.*) Ah! vous v'là, & c'eft une preuve qu'vous y confentez.

CATEAU.

Si j'y confens!

LE MAGISTER.

Heureufement.

COLIN.

Et Colette auſſi?

CATEAU.

Sans ell' je n'f'rais pas là.

COLIN, *l'embraſſant*.

Ah! Cateau! ma chere Cateau!

CATEAU, *émue*.

Finis.

LE MAGISTER.

Parbleu! il faut que ce petit eſpiegle-là ait bien du courage.

COLIN.

C'eſt pour ce ſoir?

CATEAU.

Tu trouves qu'c'eſt encore trop tard.

COLIN.

Et j'n'oſais l'dire.

CATEAU.

Tu avais tort.

LE MAGISTER.

Sans doute, Madame a ſes raiſons, ſa jeuneſſe peut ſe paſſer d'ici à demain, ça tient à rien.

CATEAU.

Auſſi imbécile que c'matin.

COMÉDIE.

LE MAGISTER, *à Colin.*

Et ce bouquet que tu caches avec tant de soin, je gage que c'est pour elle que tu l'as cueilli.

COLIN.

C'est vrai.... mais patience.

CATEAU.

Tu n'as pas la hardiesse de me l'offrir?

LE MAGISTER.

De fleurir l'amour.

COLIN, *à Cateau.*

Ça viendra, partons.

LE MAGISTER.

Point du tout: voici le contrat, & c'est ici que ton bonheur va être assuré.

CATEAU.

Sous les yeux de Monseigneur.

COLIN.

Ah! comm' j'vais le r'mercier d'sa bonté, d'sa générosité!

LE MAGISTER.

C'est le mot, & quand Monseigneur s'y met, il fait des cadeaux... à étonner.

COLIN.

I' n'y en a pas au-d'ssus d'celui-là... mais où est-

ell'?..... Non, je n'f'rai content qu' lorfqu'ell'
m'aura ben répété qu'ça f'ra fon bonheur.

CATEAU.

J't'en réponds.

COLIN.

Tout eft dit.

CATEAU.
TRIO.

Je ferai fi complaifante,
Je ferai fi careffante,
Que jamais tu ne changeras.

COLIN.

Grand merci, ma chere tante,
Vous feriez moins complaifante,
Que pour vous je n'changerai pas.

LE MAGISTER.

Oui, oui, fi careffante,
Si complaifante,
Que jamais tu ne changeras.

CATEAU.

La moitié que ton cœur adore,
Eft un bienfait de Monfeigneur.

COLIN.

Et chaqu' jour, chaqu' inftant encore
Ajouteront à mon ardeur.

LE MAGISTER.

En honneur, il eft incroyable...
Ah! l'étonnant petit garçon:

COMÉDIE.

Vit-on jamais rien de semblable!
Oui, c'est la perle du canton.

CATEAU.

L'unique bien qui fait te plaire,
Dès ce soir, je te l'donn'rai.

COLIN.

Si, dès ce soir, ça peut se faire,
Ah! comme je vous aimerai.

LE MAGISTER.

Non, jamais je n'en reviendrai.

CATEAU, *donnant le billet à Colin.*

Oui, dès ce soir... Ah! j'en soupire...
Vois, mon enfant, tu vas le lire...

COLIN.

D'où vient c'billet?

CATEAU.

Pardi! Colin,
I' vient d'Colette & d'Mathurin.

COLIN.

De Colette, & de Mathurin!
Voyons, voyons... quoiqu'ça veut dire!...
Et quel est l'objet?...

CATEAU, *lui tendant les bras.*

Le voilà.

LE MAGISTER.

Oui, le voilà.

COLIN.

Ciel! quel martyre!
Fut-on jamais trompé comm' ça!

LA DOT;

CATEAU.

Quoi! c'n'est pas moi qu'ton cœur désire!

COLIN.

Morbleu! cessez de m'tourmenter.

CATEAU.

Ah! quel supplice!

COLIN, *jetant le bouquet.*

Ah! quel martyre!

CATEAU, *ramassant le bouquet.*

Mais tâchez donc de l'arêter.

COLIN.

Morbleu! cessez de m'tourmenter.

CATEAU, *tombant dans les bras du Magister.*

Soutenez-moi…

LE MAGISTER.

Ta femme expire,
Viens donc m'aider à la porter…

COLIN.	LE MAGISTER.
Oh ciel! Colette m'abandonne!	Insensiblement, je soupçonne
Tant de détours, & tant d'appas!	Que ce garçon ne l'aime pas.

LE MAGISTER.

Petite tante,
Si compatissante,
De grace, revenez à vous.

CATEAU.

Je serai si complaisante…

COMÉDIE.

COLIN.
Laissez-moi.

CATEAU.
Si caressante...

COLIN.
Laissez-moi.

CATEAU.
Cher époux!...

ENSEMBLE.

COLIN.
Non, non, c'billet qui m'désespere,
N'est pas d'la main de Monseigneur...
Il est trop bon pour vouloir faire,
Et mon tourment, & mon malheur.

LE MAGISTER.	CATEAU.
Ce billet qui le désespere,	Ce billet qui te désespere,
Est de la main de Monseigneur:	Est de la main de Monseigneur:
Mais pourquoi donc voudrait-il faire,	Il est trop bon pour vouloir faire,
Et son tourment, & son malheur?	Et ton tourment, & ton malheur.

(*Colin va pour entrer dans le fond des jardins, Colette accourt.*)

SCENE IX.

Les Précédens, COLETTE,
COLIN, CATEAU.

COLETTE !

COLETTE.

Colin ! Cateau !... (*Au Magister.*) Point d'contrat, point d'signature, ou j'les déchire.

(*Elle veut prendre le papier que le Magister a dans les mains, le Magister le retire.*)

LE MAGISTER.

Je ne le crois pas.

COLETTE.

J'ai cherché Monseigneur par-tout... je n'l'ai pas trouvé. (*Au Magister.*) Mais je n'vous quitte plus, ni vous, ni Colin.

COLIN, *s'en allant.*

Laissez-moi.

COLETTE, *le retenant.*

Non.

CATEAU.

Est-c' qui' m'auraient trompée.

LE MAGISTER.

Je n'en serais point étonné.

COMÉDIE.

SCÈNE X.

Les Précédens, LE MARQUIS.

Colin, Colette.

Monseigneur!

LE MARQUIS.

C'est vous que je cherchais... votre présence & vos alarmes confirment mes soupçons; calmez-vous.

COLIN.

Impossible.

COLETTE.

Que je m'calme, quand Colin m'croit une perfide, une ingrate!

LE MARQUIS, à Colin.

Colette n'a pas cessé de t'aimer, Mathurin l'a trompée, je viens de le voir, je l'ai deviné, je l'attends, & je vais le punir de sa perfidie.

COLIN.

Ah! Monseigneur! ah! Colette! m'pardonn'ras-tu?

COLETTE.

C'est déja fait.

CATEAU, à Colette.

Mais moi qui suis innocente d'tout ça, pourquoi m'as-tu r'mis l'billet?

LA DOT,

LE MARQUIS.

Mathurin ne peut tarder, le village est instruit: reposez-vous sur moi.

(*Marche sur laquelle Mathurin arrive, accompagné de la suite du Seigneur qui lui remet un billet.*)

SCENE XI & derniere.

LES PRÉCÉDENS, MATHURIN, Suite.

MATHURIN.

CHANT.

C'EST mon bonheur que je tiens là...
Ah! Monseigneur! oui, le voilà.

LE MARQUIS.

Commencez.

MATHURIN.

Couple charmant...

LE MARQUIS.

Prononcez,
Finissez.

MATHURIN.

J'unis Colette à... b, c, l, m, n...

LE MARQUIS.

A Colin.

COLIN.

COMÉDIE.

COLIN, COLETTE.
A Colin!

LE MARQUIS.
Et non pas à Alain.

(*A Mathurin qui veut s'en aller.*)
Achevez.

MATHURIN.
A Colin...
Et Mathurin...
A...c, l, m, p, v, ſ, c...

LE MARQUIS.
A Cateau.

(*Colin & Colette la lui préſentent.*)

COLIN, COLETTE, LE MAGISTER.
Oui, oui.

CATEAU.
Non, non, non...

MATHURIN.
Quel cadeau!

COLIN, COLETTE.
Oui, oui, c'eſt à Cateau.

MATHURIN.
Ah! Monſeigneur!
Quelle douleur!

COLIN, COLETTE, LE MAGISTER.
Approchez-vous,
Heureux époux.

MATHURIN.

Ah! quel tourment!

COLIN, COLETTE, LE MAGISTER.

Mathurin lit très-couramment.

CHŒUR, *dans la coulisse.*

A Cateau.

MATHURIN.

L'fot écho?
Retournons bien vîte au hameau.

(*Il veut se sauver à droite, il est arêté par une partie du village.*)

CHŒUR.

Honneur, honneur à Mathurin:
Qu'il est galant! qu'il est malin!

MATHURIN.

Non, non, je n'veux pas de Cateau...
Retournons bien vîte au hameau.

(*Il veut se sauver à gauche, il est arêté par l'autre partie du village.*)

CHŒUR.

Honneur, honneur à Mathurin,
Qu'il est galant! qu'il est malin!

MATHURIN.

Ciel! où courir!
Que devenir!

CHŒUR.

Honneur, honneur, &c.

MATHURIN, *au Marquis*.

J'conviens qu'j'ai eu tort de m'permettre d'ces p'tites gentillesses qu'on fait à la ville pour supplanter un rival, mais qu'voulez-vous ? j'l'aimais tant, qu'j'aurais tout fait pour l'obtenir, & Monseigneur est trop bon pour m'forcer d'êt' l'mari d'Cateau ; la punition s'rait trop forte.

CATEAU.

Pour moi, & j't'aurais r'fusée si tu y avais consenti.

MATHURIN.

N'y a pas d'risque ; mais j'en tremble encore.

LE MARQUIS.

La crainte que vous avez eue de l'épouser, vous fait voir qu'il faut s'aimer pour être heureux en mariage, & cette leçon doit vous apprendre à ne jamais troubler le repos de deux cœurs que l'amour a faits l'un pour l'autre.

COLIN, COLETTE, *se prenant la main*.

C'est ben vrai, ça.

CHŒUR.

Quel plaisir ! quelle allegresse !
Dansons, chantons, jusqu'à demain,
Voilà, qu'au gré de sa tendresse,
Le bon billet r'vient à Colin.

LA DOT, &c.

COLETTE.

Tout le matin, j'étais en transe
Que ce billet ne fût perdu ;
Mais l'amour a tourné la chance,
Et tout son droit me l'a rendu.

COLIN.

Oui, jarni! c'est à moi qu'il reste,
Ah! quel bonheur! ah! quel instant!
Aussi d'avance, je te proteste
Qu'il te sera payé comptant.

CHŒUR.

Quel plaisir, &c.

(Colin & Colette dansent l'Allemande.)

Balet général.

J'AI LU, par ordre de Monsieur le Lieutenant-Général de Police, LA DOT, *Comédie en trois Actes, mêlée d'Ariettes*, & je n'y ai rien trouvé qui m'ait paru devoir en empêcher la représentation ni l'impression. A Paris, le 17 Novembre 1785.

SUARD.

Vu l'Approbation, permis de représenter & imprimer. A Paris, ce 17 Novembre 1785. DE CROSNE.

De l'Impr. de la Veuve VALADE, rue des Noyers.

PIECES NOUVELLES,

Jouées à la Comédie Italienne.

L'ABBÉ de Plâtre, Comédie de M. Carmontel,	1 l. 4

De M. Marmontel.

Silvain, Comédie,	1 l. 4
Le Huron, Comédie,	1 l. 10
Lucile, Comédie,	1 l. 4
Théatre de M. Sedaine, 4 vol. in-8° broché,	16 l.

L'on vend séparément toutes les Pieces du même Auteur.

De M. Monvel.

Blaise & Babet, Comédie,	1 l. 10
Alexis & Justine, Comédie,	1 l. 10

De MM. de Piis & Barré.

Cassandre Oculiste,	1 l. 4
Aristote Amoureux,	1 l. 4
Les Vendangeurs,	1 l. 4
Les Amours d'Eté,	1 l. 4
La Veillée Villageoise,	1 l. 4
Le Printems,	1 l. 4
Cassandre Astrologue,	1 l. 4
Etrennes de Mercure,	1 l. 4
Le Gâteau à deux fèves,	1 l. 4
L'oiseau perdu,	1 l. 4
Le Mariage *in extremis*,	1 l. 4
Les Voyages de Rosine,	1 l. 4

De M. Desfontaines.

L'Amant Statue,	1 l. 4
Isabelle Hussard,	1 l. 4
L'Amour & la Folie,	1 l. 4
Le Droit du Seigneur,	1 l. 10
Le Reveil de Thalie,	1 l. 4
Les Amours de Chérubin,	1 l. 10
Les trois Inconnues,	1 l. 4

De M. Pariseau.

La veuve de Cancale, Parodie,	1 l. 4
Richard, Parodie,	1 l. 4
La Soirég d'Eté,	1 l. 4

Sophie de Brabant, Pantomime,	1 l.
Les deux Amis,	1 l.
Le Roi lu, Parodie,	1 l. 4
Mercure & les Ombres,	1 l. 4

De M. de Florians,

Les deux Billets, Comédie,	1 l. 4
Janot & Colin,	1 l. 4
Blanche & Vermeille,	1 l. 4
Le Baiser,	1 l. 4
Les Jumeaux de Bergame,	1 l. 4
Le bon Ménage,	1 l. 4
La bonne Mere,	1 l. 4
Le Vaporeux, de M. Marsolier,	1 l. 4
Céphise, Comédie,	1 l. 4
La Confiance trahie,	1 l. 4
Philippe & Sara,	1 l. 4
L'Officieux, de M. le Marquis de la Salle,	1 l. 10
Sophie Francourt,	1 l. 10
L'Oncle & les deux Tantes,	1 l. 10
Chacun a sa Folie,	1 l. 4
Jenneval, de M. Mercier, Drame,	1 l. 10
Le Déserteur,	1 l. 10
L'Indigent,	1 l. 10
Jean Hennuyer,	1 l. 10
Le faux Ami,	1 l. 10
Olinde & Sophronie,	1 l. 10
L'Honnête Criminel, Drame de M. de Falbert,	1 l. 10
L'Auteur Satyrique, Comédie de M. Desprets,	1 l. 4
Le Faux Lord, Comédie de M. * * *,	1 l. 10
L'Heureuse Erreur, Comédie de M. Paterat,	1 l. 4
Le Fou raisonnable, Comédie,	1 l. 4
Les deux Tuteurs de M. Falet,	1 l. 4
Dame Jeanne, Parodie de M. Radet,	1 l. 4
Les Docteurs Modernes, de MM. Radet, Barré, & Rosiere,	1 l. 10
Léandre & Candide,	1 l. 10
Claude & Claudine, de M. Mension,	1 l. 4

On trouve chez le même Libraire, un assortiment de Pieces de Théâtre, tant des François que des Italiens, & des Boulevards, ainsi qu'une collection de livres, tant neufs que de hasard, au nombre de plus de mille articles, le tout bien conditionné; il fait la commission pour la Province, fait arrangement & prisée, & achete les Bibliotheques. L'on peut s'adresser à lui pour tout ce qui est relatif à son état.

www.ingramcontent.com/pod-product-compliance
Lightning Source LLC
LaVergne TN
LVHW050600090426
835512LV00008B/1268